Per Alessia

con tanti auguri di buon Natale
dal tuo ammiratore segreto

Babbo Natale

Testi e illustrazioni sono tratti da: *Il libro di Natale* (2017)
Testi: Elisa Prati
Illustrazioni: Mirella Monesi
Progetto grafico e impaginazione: Simona Dell'Orto/Gap

www.giunti.it

Via Bolognese, 165 - 50139 Firenze - Italia
Via G.B. Pirelli, 30 - 20124 Milano - Italia

Prima edizione: settembre 2022

Stampato presso Lito Terrazzi srl, Stabilimento di Iolo

IL MIO LIBRO DI NATALE

GIUNTI

★ Sono Bubi Bu...

Mi presento: sono Bubi e faccio parte degli orsacchiotti di peluche del tipo "Bu". Noi orsetti Bu abbiamo una pelliccia di color grigio chiaro, calda e morbida, il naso rosa, le orecchie grandi e una macchia bianca intorno a un occhio. Quando un bambino si addormenta sulla pancia di un orsetto Bu, fa dei sogni bellissimi: animali, fate, maghi, luoghi incantati, prati fioriti e foreste magiche. Ecco perché i bambini ci amano molto. Sono nato nella fabbrica di giocattoli di Babbo Natale, tra i ghiacci del Polo Nord, dove lavorano gli gnomi e gli elfi che ogni anno realizzano tanti giochi per tutti i bambini del mondo. Quando gli gnomi hanno finito di cucirmi, mi hanno portato da Babbo Natale, che mi ha detto: – Caro Bubi, benvenuto al mondo! Qui al villaggio ti stavamo aspettando!

– E perché? – gli ho chiesto io.

– Tu sei un orsetto speciale e sei stato fatto per restare con noi e farci compagnia... sarai la nosra mascotte!

Così sono qui e ho un sacco di tempo per curiosare in giro (infatti mi chiamano "orsetto curioso"!) e scoprire tutto, ma proprio tutto sul Natale: storie, canzoni, filastrocche, barzellette e tanto altro ancora...

La storia di Gesù

Da quando sono qui sento un gran parlare di questo "Natale" e non ne so ancora niente. Ieri, però, ero nelle cucine del palazzo. Là ci sono le fate, che preparano cibi deliziosi e bevande forti contro il freddo per tutti gli amici di Babbo Natale, renne comprese.

Allora ho chiesto informazioni alla bella Cocca, che è la mia fata preferita:

– Cocca, Cocchina, che cos'è il Natale? E perché si festeggia il 25 dicembre?

– Bubi, orsetto curioso, il Natale è il compleanno di Gesù! Pensa che molti popoli contano il tempo a partire dalla nascita di quest'uomo, che è stato davvero importante per la storia dell'intera umanità. E sembra che Gesù sia nato proprio il 25 dicembre di un anno che è detto, appunto, "anno zero".

– Accipicchia! – ho detto io. – Ma chi era Gesù? E che cosa ha fatto?

– Bubi, se vuoi sapere la storia di Gesù, devi chiedere a Babbo Natale, che tanto tempo fa era un grande santo e si chiamava San Nicola.

– E chi sono i santi?

– I santi sono le persone che vivono portando pace, bene e amore a tutti.

Quindi sono corso nel grande ufficio rosso di Babbo Natale e gli ho chiesto se mi raccontava la storia di Gesù.

– Ma certo Bubi! Siediti qui accanto a me e apri le tue grandi orecchie di orso Bu – mi ha risposto.

Quella di Gesù è una storia straordinaria. Racconta di un uomo speciale, un po' uomo un po' Dio, che arrivò dal Cielo sulla Terra per parlare a tutto il mondo: vecchi, bambini, uomini, donne, orsetti, piante e animali, presenti e futuri. Le sue parole, profonde e belle, si diffusero nei quattro angoli del mondo.

Questa storia comincia circa duemila anni fa in Palestina, una terra che si affaccia sul Mar Mediterraneo. È una storia vera, arrivata fino a noi attraverso quattro libri, i Vangeli, scritti dai discepoli di Gesù: Marco, Luca, Matteo e Giovanni. Loro sono stati testimoni della sua vita.

A quei tempi viveva nella piccola città di Nazareth, in Palestina, una giovane donna dall'animo gentile. Si chiamava Maria ed era fidanzata con un certo Giuseppe, che faceva il falegname. Un giorno a Maria apparve improvvisamente un angelo. Era l'angelo Gabriele, mandato da Dio.

Le disse: – Ave, benedetta tra tutte le donne! Tu sei piena di grazia e il Signore Dio ti ha scelta. Tra nove mesi ti nascerà un figlio, che chiamerai Gesù. Il bambino che nascerà è il figlio di Dio! Egli scenderà su di te come una nube, ti avvolgerà e tu diventerai madre.

Allora Maria disse: – Eccomi qua, sono la serva del Signore Dio!

Poi l'angelo la lasciò e come le aveva annunciato, Maria rimase incinta.

Quando Giuseppe venne a saperlo ne fu molto sorpreso, ma l'angelo Gabriele gli apparve in sogno per rassicurarlo, dicendogli di sposare Maria e accettare il bambino Gesù, figlio di Dio, come fosse stato suo figlio, perché così voleva il Signore. Allora Giuseppe, che era un uomo buono e pieno di fede, sposò Maria.

A quei tempi la Palestina era abitata dagli Ebrei, detti anche Giudei, ed era governata dai Romani, che quell'anno avevano ordinato un censimento della popolazione. Volevano sapere, cioè, quanta gente viveva in Palestina e da dove proveniva. Così ognuno doveva andare nel suo paese di origine a registrarsi.

Giuseppe e la sua sposa furono dunque costretti a partire per recarsi a Betlemme, il loro luogo natio. Giunti alle porte della città Maria, ormai alla fine della gravidanza e provata dal lungo viaggio sul dorso di un asinello, dal freddo e dalla fatica, sentì di essere vicina al parto.

– Giuseppe, è già sera e fa freddo, troviamo una stanza dove passare la notte, credo che Gesù nascerà molto presto! - disse Maria al marito.

Giuseppe bussò a ogni locanda, albergo, rifugio, ma tutti i posti erano occupati, perché a Betlemme era arrivata molta gente per via del censimento.

Un uomo li vide in difficoltà e venne in loro aiutò dicendo: – Sistematevi là in quella grotta. È solo una povera stalla, ma intanto vi riparerete dal freddo.

In quella notte stellata Maria partorì il piccolo Gesù.

Appena nato lo fasciò e lo adagiò delicatamente sulla paglia di una mangiatoia. Subito, l'asinello che li aveva accompagnati da Nazareth e un bue che viveva in quella stalla si avvicinarono al bambino per scaldare il piccolo.

All'improvviso apparve una grande luce e si sentì una musica dolcissima. Erano gli angeli che, con le ali spiegate nel cielo, si prendevano per mano e ballavano, cantando tutti insieme: - Gloria a Dio nell'alto dei cieli e pace in terra agli uomini che Egli ama. Oggi in una stalla è nato il re dei Giudei e il salvatore del mondo!

Tutti si destarono pieni di meraviglia e, guidati dal canto e dalla luce, arrivarono alla stalla portando semplici doni: pane, formaggio, latte, frutta…

Si racconta che quella notte, nel cielo particolarmente limpido, le stelle brillavano più del solito e in mezzo a loro spiccava una stella cometa, con la sua lunga scia luminosa.

Proprio seguendo questa stella arrivarono da molto lontano tre re orientali vestiti con tessuti preziosi dai colori sgargianti. Si chiamavano Baldassarre, Melchiorre e Gaspare ed erano detti "Magi" o "Sapienti".

Grazie alla loro saggezza e allo studio delle stelle avevano capito che stava per nascere un bambino destinato a diventare un grande re. Così si erano messi in cammino per onorarlo con alcuni doni.

Appena giunsero alla grotta e videro il piccolo Gesù capirono subito di essere al cospetto del bambino venuto dal Cielo per portare a tutti gli uomini del mondo un grande messaggio d'amore.

I re si inchinarono, lo adorarono e gli offrirono i loro preziosi doni: oro, incenso e mirra.

Poi ripartirono felici, sapendo che quel giorno, in quella povera stalla, avevano conosciuto il più grande tra i re del mondo.

Canzoni di Natale

TU SCENDI DALLE STELLE

Tu scendi dalle stelle, o Re del cielo,
e vieni in una grotta al freddo e al gelo,
e vieni in una grotta al freddo e al gelo.

O bambino mio divino, io ti vedo qui a tremar.
O Dio beato. Oh, quanto ti costò l'avermi amato!
Oh, quanto ti costò l'avermi amato!

A te che sei del mondo il Creatore,
mancaron panni e fuoco o mio Signore,
mancaron panni e fuoco o mio Signore.

Caro eletto pargoletto quanto questa povertà più m'innamora,
giacché ti fece amor povero ancora, giacché ti fece amor povero ancora.

(Canzone popolare italiana)

BIANCO NATAL

Bianco Natal, santo Natal!
Tutti qui dormon già,
sol Maria veglia ancor,
un piccino si stringe al cor,

Dormi Gesù bambino,
Dormi Bimbo divin.
Bianco Natal, santo Natal!

Ai pastori in gran cor
cantan gli angeli: Alleluia,
da Maria è nato il Signor

Cristo, il Salvatore,
Cristo, il redentore.
Bianco Natal, santo Natal!
Portator dell'amor

Dio è nato al freddo e al gel,
per noi scese dall'alto del ciel.
Gloria al nostro Signore,
gloria al nostro Signor.

(Canzone popolare austriaca)

SULLA NEVE VO

Sulla neve vo forte con il mio slittin,
paura non ho hop! Mio cavallin,
corri corri che mi fai ridere,
continua a galoppare,
non mi voglio più fermare.

Due giorni fa io correvo ancor di più,
son caduto a testa all'ingiù!
Che felicità slittare mi fa, cader e rotolar,
ma poi rialzarmi e continuar.

Din, Dan, Don!
Ecco il suon del campanellin;
scivolar sulla neve a gran velocità!
Din, Don, Dan!

(Canzone popolare inglese)

Biscotti di Natale

Ingredienti

- 300 g di farina
- 1/2 cucchiaino di sale
- 180 g di burro
- 200 g di zucchero
- un uovo sbattuto
- 60 g di cioccolato fondente
- colorante rosso per alimenti

★Mescolate il sale e la farina.

★Lavorate lo zucchero e il burro fino a ottenere una bella crema dorata, morbida a cui aggiungere l'uovo sbattuto.

★Unite la crema al composto di farina e sale e amalgamate.

★Fate sciogliere la cioccolata a bagnomaria (in un pentolino dentro a un altro pentolino con poche dita d'acqua).

★Dividete il composto in tre parti.

★A una parte aggiungete la cioccolata fusa, poi fatene una pallina e ponetela a freddare in frigorifero per circa 15 minuti.

★A un'altra parte di composto mettete qualche goccia di colorante rosso.

★Lasciate la terza parte del composto del colore originale.

★Ora avete tre palline di pasta di tre colori diversi.

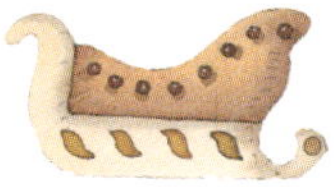

★ Iniziate a spianarle una alla volta con il matterello fino a raggiungere uno spessore di circa 5-6 mm.

★ Con una formina tonda da pasticcere ricavate tanti cerchi da quella non colorata. Da quella rossa e da quella marrone potrete ottenere i particolari per creare tanti buffi personaggi.

★ Applicate tutti i pezzi sopra ai cerchi, ricavando occhi, nasi, bocche, capelli e trasferite su una piastra da forno precedentemente imburrata.

★ Cuocete per 10 minuti a circa 180°.

★ Con lo stesso procedimento potrete inventare altri particolari per i vostri personaggi e creare altri soggetti originali. Buon divertimento e... buon appetito!!!

Scatola portaoggetti

Occorrente
- una scatola da scarpe
- un foglio di carta velina del tuo colore preferito
- il tuo disegno preferito
- lenticchie e fagioli secchi
- pastina corta da brodo (stelline, ditali, o altre forme)
- mais, semi di girasole, farro e riso
- vecchi bottoni
- colla vinilica
- matita
- gomma
- forbici da carta
- un pennellino
- fantasia e pazienza

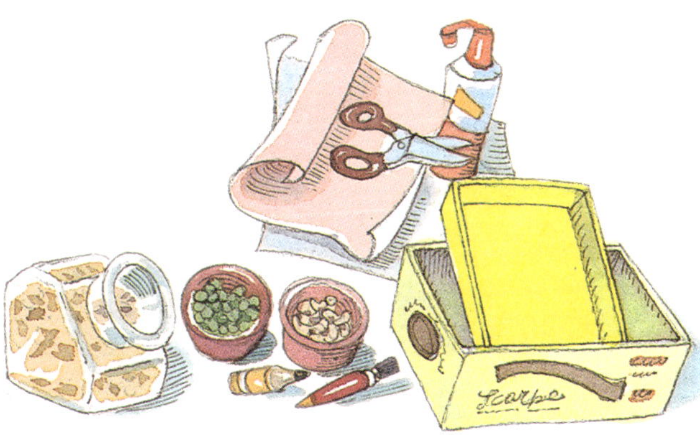

★Stendi con il pennello uno strato sottile di colla sui quattro lati della scatola. Rivestili con il foglio di carta velina. Puoi procedere tagliando quattro rettangoli della grandezza dei lati della scatola oppure un unico lungo rettangolo con cui fasciare i lati. Rivesti allo stesso modo il fondo della scatola e i lati del suo coperchio.

★Con la matita copia sulla faccia superiore del coperchio il tuo disegno preferito. Osserva i colori del disegno e confrontali con il materiale a tua disposizione: lenticchie, fagioli, pasta, semi di girasole, mais, riso, bottoni. Per i contorni del disegno potrai usare i semi di girasole che sono più scuri, per i rossi il mais, per i bianchi il riso, per i verdi o i marroni le lenticchie, per i gialli i fagioli e la pasta e per gli azzurri… un po' di fantasia!

★Rivesti ogni parte del disegno con uno spesso strato di colla e procedi a incollare il materiale. Otterrai così uno splendido mosaico. Se hai a disposizione della vernice finale trasparente puoi verniciare la scatola quando si sarà asciugata, per renderla brillante.

★ Ecco pronta la tua scatola porta-oggetti. Puoi usare anche scatole più piccole, riciclando le confezioni di cartone che trovi in casa!

Sassi decorati

Occorrente

- un grande sasso liscio
- colori a tempera
- pennelli
- matita
- vernice finale trasparente
- creatività

★ Osserva bene il tuo sasso, guardalo a lungo e pensa a che cosa ti ricorda la sua forma. Un gatto accoccolato e sonnacchioso? Un coniglio? Una tartaruga?

★ Disegna con la matita i dettagli di ciò che hai scelto di raffigurare sul sasso. Se per esempio hai scelto di trasformarlo in una tartaruga, disegna i particolari del guscio, le zampine, la coda e la testa.

★ Colora il disegno usando le tempere e un pennellino fine, ripassa i contorni con un colore scuro. Quando la tempera è asciutta ricopri il sasso con la vernice!

Il gioco dei lanci

★ Prendete dei sassolini, dei tappi, dei bottoni, dei fagioli o altri piccoli oggetti da lanciare.

★ Sistemate il libro aperto per terra o al centro del tavolo e scegliete una posizione da cui tirare.

★ Lanciate a turno i sassolini cercando di farli fermare su una delle sagome disegnate. Ogni sagoma vi dà un punteggio:

Cappello azzurro: 1 punto
Slitta di Babbo Natale: 2 punti
Stella viola: 3 punti
Calza della Befana: 4 punti
Albero di Natale: 5 punti
Pacchetto verde: 6 punti
Pacchetto azzurro: 7 punti
Cappello rosso: 8 punti
Stella gialla: 10 punti

★ Se il sassolino non si ferma sulle sagome, non guadagnate alcun punto.

★ Vince chi raggiunge il punteggio più alto. Scegliete voi quanti tiri fare!

10
6
3
8
1
10
4
10
6
8
5
2

La storia di Babbo Natale

Quando ho capito finalmente che cos'è il Natale e perché tanta gente nel mondo festeggia il 25 dicembre, mi sono venute in mente altre mille domande e, già che ero lì con Babbo Natale, ne ho approfittato…

– Perché a Natale i bambini ricevono i doni? – ho chiesto.

– In ricordo dei doni che i pastori portarono a Gesù, quando nacque. Inoltre, in occasione di un anniversario o di un compleanno facciamo spesso un regalo alle persone a cui vogliamo bene. Così anche gli adulti a Natale si scambiano doni tra di loro.

– E chi è che porta i regali di Natale ai bambini? – ho chiesto ancora.

– Ma, Bubi, che domande… sono io! Altrimenti perché mi chiamerei "Babbo Natale"? A che cosa servirebbe il lavoro degli gnomi? E che cosa me ne farei di una slitta volante? Per tutto l'anno i bambini mi spediscono le loro letterine. Mi scrivono quali sono i regali che desiderano tanto e mi assicurano che si impegneranno a essere buoni. Gli gnomi allora si mettono al lavoro, mentre io osservo i bambini con il mio cannocchiale magico e vedo come si comportano davvero…

– Ma chi sei tu, Babbo Natale? Da dove vieni?

– Ah, ma allora sei davvero curioso, orsetto Bu! – mi ha detto lui carezzandomi l'orecchio bianco. – Adesso ti racconto la mia storia…

Tanto tempo fa mi chiamavo Nicola e vivevo a Patara, in Turchia. Fin da bambino mi piaceva vedere le persone contente e fare regali. Ero nato in una famiglia ricca, ma presto rimasi orfano e regalai ai poveri tutto quello che avevo. Decisi poi di andare in convento e più tardi divenni vescovo di una città chiamata Mira. Per tutta la vita mi dedicai ad aiutare le persone a essere felici.

Mi piaceva, per esempio, andare sulla spiaggia quando il mare era in tempesta, perché avevo scoperto di avere il potere di calmare le burrasche. Così, se qualche barca era rimasta al largo, stendevo le mani verso il mare, che subito tornava calmo. Come erano felici quei pescatori, quando scendevano sani e salvi dalle loro barche!

– Nicola, Nicola! Tu sei un santo! – gridavano abbracciandomi.

Poi, per ringraziarmi mi facevano tanti regali, che io accettavo ma poi regalavo di nuovo a chi aveva fame.

Un giorno passavo accanto a una povera casa e sentii tre giovani fanciulle che dicevano tra i singhiozzi: – Come faremo a sposarci, nostro padre ha perso tutte le sue ricchezze, non avremo mai una dote e neppure un marito...

Venni a sapere che quelle erano le figlie del povero Melampo, un buon uomo che aveva perso i suoi averi. Allora misi insieme la dote per quelle ragazze e la divisi in tre sacchetti pieni di monete d'oro. Una notte lanciai un sacco attraverso la finestra aperta della loro casa, la notte seguente feci altrettanto, ma la terza trovai la finestra chiusa.

Seppi dopo che Melampo l'aveva chiusa per scoprire chi era il loro benefattore e riceverlo alla porta. Non volevo che si venisse a sapere che ero io, perché altrimenti la famiglia si sarebbe sentita per sempre in dovere di ringraziarmi, allora mi arrampicai sul tetto della casa di Melampo e feci scivolare il terzo sacco dalla cappa del camino.

Fu una faticaccia ma ne valse la pena. Come erano felici e contente il giorno dopo le tre ragazze! Ognuna aveva il suo sacchetto di monete d'oro e in un attimo tutti i loro problemi erano risolti. Poco tempo dopo si sposarono e vissero felici.

Dopo una così bella vita, arrivò anche il giorno della mia morte e mi trovai dinanzi alla grande e maestosa porta del Paradiso, che sta sotto un portico di nuvole candide come la neve. Vidi un campanello di cristallo con dentro una primula azzurra e, d'istinto, ci soffiai sopra. Un suono dolcissimo si diffuse nell'aria, la porta si aprì e comparve un angelo che mi condusse in volo sulle sue grandi ali davanti a Gesù.

– Salve Nicola – mi disse Gesù sorridendo. – Benvenuto in Paradiso! Abbiamo pronta per te una sorpresa davvero speciale. Poiché in vita fosti tanto generoso e buono, ti abbiamo eletto all'unanimità Babbo Natale.

– Babbo Natale? – chiesi incredulo.

– D'ora in avanti abiterai in un palazzo di cristallo, ghiaccio e neve, tra il Cielo e la Terra, non lontano dal Polo Nord. Lì, ti occuperai del lavoro degli gnomi, degli elfi e delle fate, che fabbricano regali per i bambini di tutto il mondo.

E mentre diceva così comparve un completo giacca, pantalone e cappuccio di colore rosso vermiglio con i risvolti di lana bianca, un cinturone di cuoio e un paio di stivaloni da neve con le fibbie dorate e lucenti.

– Questo sarà il tuo vestito che è rosso come l'amore e bianco come i pensieri dei bambini, che profumano di panna montata. Adesso indossalo e… buon lavoro Babbo Natale! – mi spiegò l'angelo.

Appena indossai il mio nuovo abito, mi sentii trasportare attraverso le nuvole. Prima ancora di rendermi conto di quanto stava accadendo, eccomi arrivare davanti al grande palazzo di ghiaccio e cristallo dove anche tu, Bubi, sei nato. Davanti all'ingresso mi aspettava una schiera felice di gnomi, elfi, fate, nani che mi dettero il benvenuto con mille baci, abbracci, sorrisi e applausi.

– Viva Babbo Natale! – gridavano tutti insieme, contenti.

Per tutta la vita avevo avuto un solo rimpianto: avrei tanto voluto essere padre e avere dei bambini da amare, educare, coccolare. Ed ecco che, all'improvviso, ero il babbo di tutti i bambini del mondo!

Che emozione quando vidi per la prima volta gli gnomi all'opera nella fabbrica dei giochi e la mia slitta volante! Intorno al palazzo c'era un bosco di abeti ricoperti di neve dove le renne pascolavano.

Fu amore a prima vista: io e le mie renne diventammo inseparabili.

Subito le attaccai alla slitta e mi feci un giretto di collaudo.

Da allora eccomi qua. Passo tutto l'anno a leggere le letterine dei bambini e mi diverto tanto. Mi raccontano quello che li rende tristi o felici, i loro desideri, le loro paure e i loro sogni. Mi vogliono bene e sperano sempre di vedermi arrivare la notte di Natale con la slitta e scendere dal camino o dal tubo della caldaia. Ma io cerco di non farmi vedere, perché altrimenti che sorpresa è? Arrivo quatto quatto, sistemo i doni sotto l'albero di Natale, mi affaccio piano piano alla cameretta di ogni bambino per un salutino, un bacino e una carezza. Infine salgo di nuovo sulla mia slitta e riparto lasciando dietro di me una polvere dorata di stelle.

Filastrocca di Babbo Natale

Sono un papà molto speciale
mi chiamo Babbo Natale!
Il vestito che porto addosso
è di un vivace colore rosso.
Cappello, stivali e cintura
completano la mia figura.
Quando mi guardo nello specchio
vedo la faccia di un bel vecchio.

Vivo al Polo tra nevi e orsacchiotti
insieme a tanti gnomi grassotti.
Al lume fioco di una lampadina,
leggo la posta fino alla mattina.

Nella stanza delle sorprese
incarto i regali dal primo del mese.
Ho una slitta a nove renne
e scio sulla neve carico di strenne.
Per non sentire la tramontana
mi copro tutto con la sciarpa di lana.

Arrivo in città a notte scura,
lascio le renne per una nuova avventura.
Salgo svelto sopra al tetto,
poi scivolo piano nel caminetto:
nella casa tutto tace
e a luci spente regna la pace.

L’albero di Natale è luminoso:
metto i giocattoli e mi allontano silenzioso.
Dopo un dolcetto e un riposino
lascio la casa di ogni bambino.

Al mattino, tutto solo,
sveglio le renne e via… verso il Polo!
Durante il viaggio saluto tutti:
i piccoli, i grandi, i belli e i brutti!
A casa arrivo con un po’ d’affanno,
mi stendo sul letto e dormo per un anno.
Sogno una notte fatata e speciale…
il tempo è passato: è già Natale!

Test Che Gnomi siete?

1) Se pensate a una fiaba vi viene in mente...

a un luogo molto lontano, selvaggio e sconosciuto.

b una città o un paese, immaginari o reali.

c un luogo vicino a un grande bosco o a una montagna.

2) Vi capita di sognare più spesso...

a un dragone o una creatura fantastica.

b voi che giocate al parco con i vostri amici.

c un tenero cucciolo da abbracciare teneramente.

3) Quale di queste qualità preferite in una persona?

a Bontà, coraggio, imprevedibilità.

b Astuzia, intelligenza, fascino misterioso.

c Bellezza, sensibilità, passione per la natura.

4) In genere amate i vestiti...

a pratici e sportivi: pantaloni con le tasche, maglietta, giubbotto.

b semplici, ma curati ed eleganti: camicie, pantaloni con la piega.

c comodi e in fibre naturali: maglioni fatti a mano, pantaloni di lana.

5) Chi è il cattivo per eccellenza nelle fiabe?

a Una strega o un mago molto potenti.

b Un brigante, un ladro o un assassino.

c Un lupo o un drago.

6) Il vostro migliore amico o la vostra migliore amica è...

a una persona che avete conosciuto in vacanza qualche anno fa.

b una persona che è cresciuta con voi.

c vostro fratello o vostra sorella.

7) Quando siete in difficoltà la vostra arma segreta è...

a il coraggio.
b l'astuzia.
c la pazienza.

8) Un viaggio che vorreste fare è...

a attraversare il deserto a dorso di cammello.
b navigare fino all'isola tropicale più lontana.
c fare il giro d'Italia a cavallo.

10) Il vostro animale preferito è...

a l'elefante.
b la tigre.
c l'orso.

9) Il vostro dolce preferito è...

a la focaccia fritta.
b il budino al cioccolato.
c il ciambellone.

Adesso contate quante **a**, **b** e **c** risultano dalle vostre risposte e leggete i risultati qui sotto.

a

Siete **GNOMI ESPLORATORI**.
L'amore per l'avventura vi spinge a cercare sempre emozioni nuove.
Complimenti!
Non vi annoiate mai, siete sempre in movimento, amate approfondire.
Attenzione:
a volte siete un po' impazienti e ficcanaso!

b

Siete **GNOMI GIORNALISTI**.
Consapevoli della realtà che vi circonda, non vi perdete in chiacchiere.
Complimenti!
Siete leali, amate la verità, avete a cuore le persone che vi sono attorno.
Attenzione:
non esagerate, non tutti amano parlare!

c

Siete **GNOMI VERDI**.
La natura per voi è al primo posto e amate animali e fiori di ogni tipo.
Complimenti!
Grazie a voi il mondo è più protetto perché vi prendete cura dell'ambiente.
Attenzione:
per aiutare non bisogna isolarsi troppo!

Barzellette e colmi... natalizi!

Qual è il colmo per la Befana?

Non saper giocare a scopa!

Qual è il brano di musica classica preferito al Polo Nord?

Le Quattro stagioni di Vivaldi!

Qual è il colmo per lo gnomo gommista?

Dormire con un copertone!

Che cosa fa di solito il pettine di Babbo Natale quando al Polo Nord è veramente tanto tanto freddo?

Batte i denti!

Perché le renne vivono al Polo Nord?

Perché lì c'è il ghiaccio pe-renne.

Perché la Befana ama vedere i quiz in Tv?

Perché fanno domande incalzanti!

Quali sono i venti freddi che soffiano a Natale?

I venti gradi sotto zero!

Il labirinto degli gnomi

A Natale gli gnomi costruiscono i giochi per i bambini di tutto il mondo. Quanto lavoro! Lo gnomo dei computer prepara i videogiochi, lo gnomo musicista costruisce gli strumenti musicali, lo gnomo pittore colora tutti i giochi che sono in bianco e nero, lo gnomo sportivo prepara i pattini e i palloni, lo gnomo delle bambole prepara pupazzi e marionette. Ognuno ha il suo compito e ognuno inizia a lavorare la mattina e finisce la sera.
Guarda il labirinto: gli gnomi, come ogni giorno, escono dalle loro casette per raggiungere la fabbrica di giocattoli che si trova al centro del percorso. Che strada devono fare?

DUE CONSIGLI

1) Non usate la penna, così la prossima volta potrete giocare ancora.
2) Se volete variare il gioco, potete divertirvi a trovare altri arrivi per gli gnomi o a farli incontrare per strada. In questi casi potete anche uscire dal labirinto, passando dalle 5 porte delle mura.

La storia della Befana

Ero a curiosare nella fabbrica dei giochi e osservavo gli gnomi Gaddo e Tina che costruivano un cavallino a dondolo, con la sella di gommapiuma, il fiocco di raso rosso e una grande criniera di lana intrecciata del colore dell'oro. Mi piace stare con Gaddo e Tina, per me sono un po' come il mio papà e la mia mamma.

A un certo punto mi sono voltato e, tra i banconi da lavoro degli gnomi, ho visto aggirarsi una vecchietta con un gran nasone ricurvo, due occhietti piccoli, la bocca sdentata e i capelli di stoppa bianca sotto un fazzoletto lacero. Era gobba, camminava su certe scarpone a punta lunghe lunghe e indossava un vestito che sembrava un sacco pieno di toppe.

La vecchietta guardava molto attentamente tutti i giochi. Si appoggiava su una scopa di saggina e procedeva zoppicando, toccando questo e quell'altro oggetto.

Non pareva cattiva, ma io ho avuto un po' di paura: sembrava una strega! Allora mi sono stretto alla gonna di Tina e ho chiesto: – E que…que… quella chi è?

– Niente paura, Bubi! – mi ha rassicurato la gnoma. – È solamente la Befana! – In questo periodo viene sempre a visitare la fabbrica di giochi, perché anche lei deve commissionare agli gnomi tanti regalini – ha continuato Tina.

– E chi è la Befana? A chi porta i regali? – ho chiesto io.

– La Befana è un'altra amica dei bambini! Vieni qua Bubi Bu, siedi sul cavallino che ti racconto la sua storia…

Al tempo in cui nacque Gesù, viveva non lontano da Betlemme una vecchietta poverissima. Era stata una bella ragazza, con delle lunghe trecce castane e gli occhi pieni di luce.

Si era sposata con un giovanotto gentile ma, purtroppo, dopo poco lui era morto e la fanciulla, per il dolore, aveva perso tutto il suo splendore. La tristezza l'aveva resa mezza matta, mangiava le bacche che trovava nei boschi, si strappava i capelli e stava delle ore a sbucciare rametti di olivo davanti alla sua casa.

Nonostante i dolori della vita l'avessero ridotta a una vecchietta malandata, amava profondamente i bambini, anche quelli che ogni tanto andavano a trovarla per farle qualche dispettuccio… Ma lei non se ne curava. Se ne stava seduta sulla soglia della sua catapecchia come una statua di gesso e prendeva quel che veniva.

Poi, quando qualche bambino più audace provava ad avvicinarsi, tendeva le sue mani nodose per accarezzarlo e quello scappava via a gambe levate, con dietro tutti i suoi amichetti che strillavano.

La chiamavano la “strega di Befania” o Befana, ma non era affatto una strega, piuttosto… una fata all’incontrario.

Una fredda e nevosa sera di gennaio, la vecchia Befana se ne stava seduta avvolta da quattro coperte rattoppate davanti alla sua stufa a guardare i grossi buchi delle sue scarpe. A un tratto sentì bussare alla porta. Traballando andò ad aprire.

– Buonasera signora! – si sentì dire dal più giovane di tre uomini coperti da splendidi mantelli, ricamati d’oro e impreziositi con gemme splendenti.

I tre avevano un aspetto regale, incutevano rispetto e timore. Erano i re Magi!

– Siamo venuti dal lontano Oriente, seguendo la luce di una stella cometa alla ricerca di un bambino che è nato da queste parti. È il salvatore del mondo! Gli portiamo i nostri doni e vogliamo adorarlo. Ma stasera nevica, la stella è oscurata dalle nubi, sapreste darci notizie del piccolo re?

– Ste…eee…ella cometa? Re del mooo…ondo? Ma, non saprei… ma… ma… entrate, volete accomodarvi? Fuori fa freddo, è… è tardi…

– Grazie, gentile signora, ma noi abbiamo molta fretta di trovare il bambino. Perché piuttosto non viene lei con noi? – le suggerirono quelli.

La Befana li guardò esterrefatta e pensò a questo bambino che meritava tali onori. Avrebbe tanto voluto conoscerlo, ma si vergognava della sua bruttezza e povertà, così non osò accettare. Allora i re Magi la salutarono, lasciandole in dono un sacchetto pieno di monete.

La Befana rimase sulla soglia della sua casupola con il sacchetto in mano e la bocca aperta. Ma, dopo un po', si pentì e si incamminò da sola.

Aveva preso con sé un vecchio sacco pieno di dolcetti, mele, pere, un mandarino, qualche giocattolo dimenticato dai bambini vicino alla sua casa e alcune delle monete che le avevano donato i tre forestieri da portare al bambino. Indossava uno scialle pieno di toppe e, come bastone, aveva la sua vecchia scopa di saggina.

Cammina cammina, dopo un po' di tempo sentì che le gambe non le reggevano e si fermò a riposare sotto una quercia. Si addormentò sulla neve e morì di freddo e stanchezza. Si trovò in cielo, accolta dagli angeli del Paradiso.

– Befana, non ti crucciare di non esser riuscita a vedere il re dei re. Lo troverai in tutti i bambini! – le dissero gli angeli. – D'ora in avanti, la notte tra il 5 e il 6 gennaio, porterai doni e dolci ai bambini, in ricordo dei doni che i re Magi portarono a Gesù.

La Befana si sentì leggera e libera da tutte le sue pene e si accorse di essere a cavallo della sua scopa che magicamente la stava portando, attraverso le nuvole, dritta dritta verso il palazzo di Babbo Natale.

Nella foresta che circonda il palazzo di ghiaccio di Babbo Natale c'è infatti una casetta di marzapane, cioccolato e frutta candita. Là vive la Befana che osserva felice tutti i bambini del mondo e ogni tanto dà una sbirciatina ai giocattoli della fabbrica degli gnomi e pensa a che cosa vuol lasciare nella calza che i bambini appendono al camino la sera del 5 gennaio…

Filastrocche della Befana

LA BEFANA DEI GRANDI

Spero tanto che un giorno dal camino
una Befana buona venga giù
a portare doni a chi bambino
ormai da molto tempo non è più.

Una Befana per grandi e per vecchietti
che rechi nel suo sacco un dolce sogno
da consegnare, attraversando i tetti,
a tutti quelli che hanno bisogno.

A chi sta solo, un po' di compagnia;
un lauto pranzo a chi di pane è senza;
a chi è triste gioia ed allegria;
alle mamme e ai papà tanta pazienza.

E metta nelle calze dei potenti
pace, amicizia e buoni sentimenti.

Maria Loretta Giraldo

LA BEFANA VIEN DI NOTTE

La Befana vien di notte
con le scarpe tutte rotte,
con le toppe alla sottana
viva, viva la Befana!

Vien di notte la Befana,
vola con la tramontana
sulla scopa di saggina,
viva, viva la nonnina!

Viene e scende dal camino,
fa felice ogni bambino,
lascia dolci e caramelle
nelle calze rosse e gialle.

Viene e porta sorpresine
per le bimbe birichine,
porta l'aglio ed il carbone
a ogni bimbo brontolone.

La Befana vien di notte
con le scarpe tutte rotte,
con un sacco pien di doni
da lasciare ai bimbi buoni.

Test

Missione regalo!

Dovete fare un regalo a un vostro amico,
ma non sapete decidervi?
Questo semplice test può darvi qualche consiglio!

PARTENZA

Pensate all'amico o all'amica a cui dovete fare il regalo: quale animale vi viene in mente?

Una gazzella

Un orso bruno

Un pulcino

Che tipo di musica vi viene in mente?

Una musica popolare, ricca di strumenti acustici

Rock, musica scatenata piena di ritmo

Quale colore vi viene in mente?

Il rosso

L'azzurro

Il vostro amico o la vostra amica è appassionato di…

Qual è la prima cosa che vi dite quando vi incontrate?

«Ciao, come stai?»

«Ehilà, vecchia melanzana!!!»

Quando gli telefonate…

Risponde dopo otto squilli

Risponde al primo squillo

Quando litiga con qualcuno…

Se ne va con il viso tutto rosso

Urla, strepita e scalpita finché non la spunta

radio

Voi, altrimenti stavate ancora lì!

Quando vi siete conosciuti chi ha attaccato discorso?

televisione

Il vostro amico/la vostra amica

Tipo A **IL GOLOSO**

Ecco il segreto del tipo A: la gola! Il goloso adora tutti i piaceri della tavola. Diventa facile fare un regalo a un tipo del genere:

- biscotti o dolcini, magari in una bella scatola di latta.
- cestini di Natale con frutta secca.
- confetture, salsine, sott'oli, ecc...

Tipo B **IL TENERO**

Il tipo B è un tenero, un vero sensibilone capace di sentimenti profondissimi.
I regali ideali per lui sono:

- un dono confezionato con le vostre mani.
- un bel libro.
- una pianta o dei fiori da curare con amore.

Tipo C **LO SPORTIVO**

Con il tipo C non si può proprio sbagliare: è uno sportivo e adora tutto ciò che riguarda movimento ed energia: calzini sportivi, magliette, scaldamuscoli, tute da ginnastica, felpe, marsupio…

Il gioco dello Shangai

Occorrente

- 32 cannucce leggere e rigide (non quelle con il collo pieghevole)
- colori a tempera
- pennello

★ Prima di cominciare accertatevi che le cannucce siano lunghe uguali e lisce.

★ Dividete le cannucce in cinque gruppi: tre gruppi da 8, uno da 7 e uno da… una cannuccia!

★ Ora dipingetele con la tempera. Scegliete liberamente i colori, ogni cannuccia dello stesso gruppo deve avere lo stesso colore (un gruppo da 8 sarà verde, un altro gruppo da 8 sarà rosso e così via). Ma attenzione: la cannuccia singola deve essere nera, è lo Shangai!

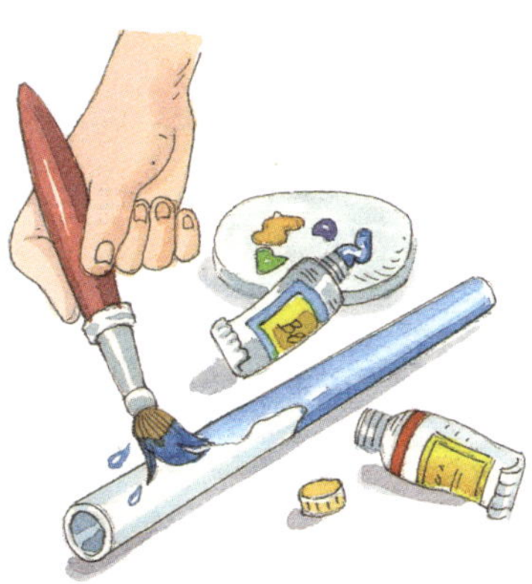

★ Quando le cannucce si saranno asciugate, potrete cominciare a giocare.

★ Prendete i bastoncini in una mano, mettete al centro quello nero, appoggiate un'estremità del mazzo sulla tavola e, di colpo, lasciate cadere le cannucce. I bastoncini si disporranno in modo disordinato.

★ Il gioco consiste nel riuscire a fare il bottino maggiore, togliendo a turno un bastoncino senza toccare né far muovere gli altri. Il giocatore che, nel tentativo di prenderne uno, ne fa spostare un altro è costretto a passare il turno lasciando la cannuccia sul tavolo di gioco.

★ Quando i bastoncini saranno stati presi tutti, procedete al conteggio dei punti in base al valore che avete attribuito ai colori (per esempio: il blu 8 punti, il rosso 5, il verde 3, il giallo 1 e il nero, unico e più importante, ben 10 punti!).

Il portamatite colorato

Occorrente
- un vecchio barattolo di vetro
- creta
- colori a tempera o acrilici
- matita
- pennelli
- un mattarello
- vernice finale trasparente

★ Stendi uno strato sottile di creta aiutandoti con un matterello da pizza.

★ Rivesti il barattolo facendo aderire la creta al vetro. Non scordarti della base! Lascia quindi seccare la creta.

★ Scegli un disegno o una decorazione. Disegnala sul barattolo e dipingila con le tempere, usando colori accesi.

★ Una volta che la tempera si è asciugata, stendi sul portamatite la vernice finale.

Il trova Bu

Nel laboratorio della Befana c'è sempre una gran confusione! Osservate con attenzione e troverete:

★ Babbo Natale che si riposa
★ una calza a righe rosse e verdi
★ 9 letterine azzurre
★ uno scoiattolo con la sciarpa
★ un sacco pieno di carbone
★ un quadro con una margherita
★ me che vi faccio "Ciao! Ciao!" con la mano

DUE CONSIGLI

1) Quando troverete tutti questi particolari, non segnate le pagine. Così la prossima volta, potrete giocare ancora.

2) Se volete fare una gara con i vostri amici, cronometrate quanto tempo ci mettete a trovare i vari elementi. Vince chi ne trova di più in meno tempo!

Tanti modi per dire "Buon Natale!"

INGLESE:	MERRY CHRISTMAS
FRANCESE:	JOYEUX NOËL
TEDESCO:	FRÖHLICHE WEIHNACHTEN
IRLANDESE:	NOLLAIG SHONA DHUIT NODLAIG MHAITH CHUGNAT
NORVEGESE:	GOD JUL OPPURE GLEDELIG JUL
OLANDESE:	VROLIJK KERSTFEEST EN EEN GELUKKIG NIEUWJAAR! ZALIG KERSTFEAST

PORTOGHESE:	FELIZ NATAL
SPAGNOLO:	FELIZ NAVIDAD
CATALANO:	BON NADAL I FELIÇ ANY NOU
GRECO:	KALA CHRISTOUYENNA
ISLANDESE:	GLEDILEG JOL
DANESE:	GLÆDELIG JUL
SVEDESE:	GOD JUL
FINNICO:	HYVAA JOULUA
UNGHERESE:	KELLEMES KARACSONYI UNNEPEKET
POLACCO:	WESOLYCH SWIAT BOZEGO NARODZENIA BOZE NARODZENIE

CECO:	PREJEME VAM VESELE VANOCE A STASTNY NOVY ROK
RUMENO:	SARBATORI VESELE
RUSSO:	POZDREVLYAYU S PRAZDNIKOM ROZHDESTVA IS NOVIM GODOM
SERBO:	HRISTOS SE RODI
SLOVACCO:	VESELE VIANOCE
TURCO:	NOELINIZ VE YENI YILINIZ, KUTLU OLSUN
UCRAINO:	SROZHDESTVOM KRISTOVYM
ARABO:	I DAH SAIDAN WA SANAH JADIDAH
BULGARO:	TCHESTITA KOLEDA
CINESE:	GUN TSO SUN TAN'GUNG, HAW SUN (CANTONESE)
EBRAICO:	MO'ADIM LESIMKHA, CHENA TOVA
GIAPPONESE:	SHINNEN OMEDETO, KURISUMASU OMEDETO
LATINO:	NATALE HILARE ET ANNUM FAUSTUM!

Sommario